《두고두고 읽고 싶은 시튼 동물 이야기》는
자연을 사랑했던 작가 시튼이 실화를 바탕으로 그려 낸 야생 동물 이야기를 한 편씩
따로 엮은 책입니다. 거친 자연 속에서 누구에게도 길들지 않고 당당히 자신의 삶을
살았던 동물들의 감동적인 이야기가 생생한 그림으로 파노라마처럼 펼쳐집니다.

두고두고 읽고 싶은 시튼 동물 이야기 5

소년과 살쾡이

초판 1쇄 펴낸날 2015년 3월 25일
초판 2쇄 펴낸날 2018년 9월 17일

원작 어니스트 톰슨 시튼 | **글·그림** 우상구
펴낸이 서경석
책임편집 류미진 | **디자인** 박보라
마케팅 서기원 | **제작·관리** 서지혜, 이문영
펴낸곳 청어람주니어 | **출판등록** 제313-2009-68호
주소 경기도 부천시 부일로483번길 서경빌딩 3층 (14640)
전화 032)656-4452 | **팩스** 032)656-9496
전자우편 juniorbook@naver.com
카페 http://cafe.naver.com/chungeoramjunior

ISBN 979-11-86419-00-7 74840
   978-89-93912-78-4(세트)

ⓒ 우상구, 청어람주니어 2015

이 도서의 국립중앙도서관 출판시도서목록(CIP)은 서지정보유통지원시스템 홈페이지(http://seoji.nl.go.kr)와
국가자료공동목록시스템(http://www.nl.go.kr/kolisnet)에서 이용하실 수 있습니다.(CIP제어번호: CIP2015007724)

※ 이 책의 내용 일부 또는 전부를 재사용하려면 반드시 저작권자와 청어람주니어 양측의 동의를 얻어야 합니다.

두고두고 읽고 싶은 시튼 동물 이야기 ⑤

소년과 살쾡이

어니스트 톰슨 시튼 원작 | 우상구 글·그림

| 이 책을 읽는 어린이들에게 |

♦♦♦

'내가 만난 바로 그 살쾡이야.'
살쾡이와 맞서야 했던 소년의 가슴 아픈 탄식

사람들은 사람들이 살고 있는 마을에서, 동물들은 야생이라고 불리는 숲이나 들에서, 사는 방식이 다른 만큼 각자의 삶을 살고 있지. 그러다 때로 마주치곤 했어. 사람들에게 야생 동물은 가축을 물고 가거나 농작물을 헤집고 가는 존재, 동물들에게 총을 가진 사람들은 언제나 위협적인 적. 그래서 적당한 거리가 필요했지.

그런데 숲에 살고 있는 코니 가족과 토번에겐 그 정도의 거리가 없었어. 더구나 열병에 걸려 일어설 힘조차 없는 허약한 소년에게 숲에서 먹이를 찾지 못하고 오두막에 침입한 살쾡이는 목숨을 앗아 갈 만큼 위협적이었단다. 그래서 소년은 살기 위해 살쾡이와 맞서야 했지.

그때만큼은 소년도 살쾡이와 같은 야생의 규칙 속에 있었어. 강한 자만 살아남는다는. 그래서일 거야. 소년이 살쾡이를 다시 만났을 때 발걸음을 떼지 못했던 건. 하루하루 목숨 걸고 싸워야 했을 살쾡이의 삶을 조금이나마 이해하고 있지 않았을까?

요즘 우리도 길이나 공원에서 살쾡이는 아니더라도 길고양이를 자주 만날 수 있어.

어쩌면 우리 곁에 길고양이들도 먹이를 찾아 내려온 살쾡이와 같은 삶을 살고 있을지도 몰라. 가만 손 내밀어 주지 않을래?

아마 살쾡이의 삶을 지켜보았던 소년도 우리가 그러기를 바랄 거야.

깊은 밤 골목을 누비고 있을 또 다른 동물들을 생각하며, 우상구 아저씨가

| **어니스트 톰슨 시튼** Ernest Thompson Seton **에 대하여** |

◆◆◆

동물을 따뜻한 시선으로 관찰한
자연주의 작가, 시튼

이 책을 쓴 작가, 시튼을 소개할게.

어린 시절을 숲이 우거진 산림 지대에서 보낸 시튼은 동물들을 관찰하고 그리는 것을 무척 좋아했어. 그래서 식물과 동물을 관찰하고 연구하는 박물학자가 되고 싶어 했지. 아버지의 권유로 영국과 프랑스에서 그림을 먼저 공부했지만, 박물학자가 되고 싶은 꿈을 버릴 수 없어 캐나다로 돌아와 글을 쓰기 시작했단다. 그러다 1897년 동물들의 이야기를 쓴 《내가 아는 야생 동물 Wild Animals I have known》을 발표하면서 작가로서 첫발을 내딛게 되었지.

시튼이 책 속에 그려 낸 동물들은 단순히 본능에 따라 행동하지 않았어. 거친 야생의 세계에서 살아남기 위해 때로는 용기 있게 맞서고, 때로는 지혜롭게 피해 서로를 보듬는, 우리의 삶과 크게 다르지 않았지. 이야기를 읽다 보면 동물을 따뜻하게 바라보는 시튼의 시선을 느낄 수 있단다.

훗날 '동물 문학의 아버지'로 불린 시튼은 평생 사람들의 횡포로 하나둘씩 사라져 가는 야생 동물들을 보호하기 위해 글을 쓰고 그림을 그렸어. 그리고 꾸준히 이야기했지. "자연은 아주 좋은 것 Nature is Very Good Thing"이라고. 그러니까 반드시 지켜야 한다고 말이야.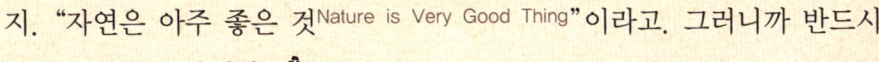

올해로 열다섯 살이 되는 토번은 사냥을 매우 좋아했습니다. 사냥을 하는 사람이라면 누구나 그러하겠지만 그즈음 토번은 유달리 사냥에 열중했습니다. 그 모습이 무척 진지했습니다.

광대한 숲속 저편으로 푸른 케이저널 호수를 건너 비둘기 떼가 날아왔습니다. 비둘기 떼는 숲 언덕 너머 거대한 고목 위에 떼 지어 앉아 소년을 유혹했습니다.

토번은 몇 시간째 비둘기를 쫓았지만, 번번이 허탕만 쳤습니다. 비둘기들은 토번이 가지고 있는 구식 엽총의 총알이 어디까지 날아갈 수 있는지 정확히 알고 있는 것 같았습니다.

토번이 총을 쏠 수 있을 만큼 다가가면 비둘기들은 토번을 놀리듯 푸드덕거리며 날아갔습니다.

그러던 어느 날, 비둘기 떼가 통나무집 근처 작은 나뭇가지로 내려앉았습니다. 토번은 몸을 납작 엎드린 채 살금살금 다가가 그중 제일 가까이에 있는 비둘기를 향해 총을 쏘았습니다.

탕! 소리와 함께 비둘기 한 마리가 떨어졌습니다.

토번이 신이 나서 떨어진 비둘기를 집으려는 순간, 어디선가 키 큰 청년이 성큼성큼 다가와 떨어진 비둘기를 집어 들었습니다.

"코니 형! 그건 내가 잡은 거야!"

"뭐? 네가 잡았다고? 네가 겨눈 새는 저쪽으로 날아갔어. 그리고 이건 분명 내가 맞힌 거야."

코니가 흥분하며 말했습니다.

"어? 그런데 총알이 두 개나 박혀 있잖아……."

두 사람은 같은 새를 동시에 쏜 것입니다.

이런 숲속에선 총알 구하기도 어려운데 아까운 총알을 낭비한 셈입니다.

"하하하……."

두 사람은 즐겁게 웃었습니다.

코니는 키가 1미터 80센티미터나 되는 훤칠한 아일랜드계 청년이었습니다. 성격은 쾌활해서 아일랜드인의 기질이 그대로 엿보였습니다. 근처에 있는 코니의 통나무집은 단조롭고 초라한 집이었지만 코니에게는 기쁨과 안식을 주는 보금자리였습니다.

그곳에서 코니는 차분하고 믿음직한 여동생 '마거트'와 밝고 재치 넘치는 여동생 '루'와 함께 살고 있었습니다.

토번은 이 오두막에 잠시 쉬러 온 손님이었습니다.

토번네 가족이 몸이 약한 토번이 건강해지기를 바라며 토번을 이 숲으로 보낸 것입니다.

통나무집 주위에는 울창한 원시림이 있었습니다. 숲 남쪽으로는 피터세이로 이어지는 험준한 길이 나 있었고, 반대쪽 기슭으로는 조약돌이 깔린 아름다운 호수가 있었습니다. 그리고 6킬로미터 정도 떨어진 곳에 또 한 채의 오두막이 있었는데, 그것이 코니의 통나무집과 가장 가까이 있는 유일한 이웃집이었습니다.

생활은 무척 단조로웠습니다. 코니가 아침에 일어나 불을 피운 다음 여동생들을 깨우면, 마거트와 루는 아침 식사 준비를 하고 말에 여물을 주었습니다.

샘터 위로 고목 그림자가 드리우면 마거트는 한낮인 걸 알고 점심 지을 물을 기르고, 루는 기둥에 하얀 헝겊을 매달았습니다.

밭에 나갔던 코니는 그 헝겊을 보고 오두막으로 점심을 먹으러 왔습니다. 햇볕에 검게 그을린 모습으로 말입니다.

토번은 멀리 나가서 사냥하기도 했지만 산등성이로 노을이 질 때쯤이면 어김없이 돌아와 코니 가족과 함께 저녁 식사를 했습니다.

　코니네 식구들은 하는 일도, 먹는 음식도 똑같았습니다. 식탁에는 돼지고기, 빵, 감자가 있었습니다. 가끔은 암탉이 낳은 달걀이 식탁에 오르기도 했습니다. 때로 들짐승 고기를 맛볼 때도 있었지만, 그건 정말 드문 일이었습니다.

　코니는 밭일을 하느라 바빴고, 토번은 사냥에 아주 서툴렀기 때문이었습니다.

그해 겨울, 속이 텅 빈 아메리카 피나무가 겨울바람에 쓰러졌습니다. 속이 빈 나무줄기는 새끼를 키우기 위해 보금자리를 찾던 살쾡이에게는 아주 좋은 집이 되어 주었습니다.

사실 올해는 살쾡이들이 살기 힘든 한 해였습니다. 가을엔 전염병이 돌아 많은 토끼와 들쥐 무리가 죽었고, 겨울에는 눈이 갑자기 얼어붙는 바람에 들꿩들도 떼죽음을 당해 살쾡이들이 잡아먹을 것이 거의 없었습니다.

또 올해는 봄부터 장마가 져서 연못이나 강물이 불어나 물고기나 개구리도 잡아먹기 어려웠습니다. 먹이를 구할 수 없었던 어미 살쾡이에게 배 속에서부터 굶주렸던 새끼들은 몹시 짐스러웠습니다.

어쩌다가 빈 통나무에 갇힌 들쥐나 다람쥐로 겨우 끼니를 때우기도 했습니다. 그럴수록 새끼들은 빈 젖을 물고 애처롭게 보낼 수밖에 없었습니다.

어느 날, 살쾡이는 그리 좋지 않은 냄새를 풍기는 커다랗고 검은 짐승을 덮쳤습니다. 고슴도치였습니다. 고슴도치의 코를 단번에 후려치긴 했지만, 고슴도치의 따가운 가시에 열두 군데나 찔리고 말았습니다. 살쾡이는 이빨로 가시를 모두 뽑아냈습니다. 몇 년 전 고슴도치에게 호되게 당한 적이 있었기 때문입니다. 그렇게 오래 굶주리지만 않았어도 고슴도치를 공격할 생각은 하지 않았을 것입니다. 하지만 그날 어미 살쾡이는 온종일 개구리 한 마리밖에 잡지 못했습니다.

　다음 날, 허기진 몸을 이끌고 사냥에 나선 살쾡이는 숲 건너편에서 떠들썩한 소리를 들었습니다. 살쾡이는 바람을 마주하고 살금살금 소리 나는 쪽으로 기어갔습니다. 그곳에는 뇌조들이 한 무리 모여 있었습니다.

　먹이가 이렇게 많다니! 살쾡이는 납작 엎드렸습니다. 가슴을 땅바닥에 찰싹 붙인 채 조심조심 다가갔습니다. 뇌조와의 거리는 몇 발짝 정도였지만, 살쾡이는 조심조심 또 조심, 짧은 거리를 한 시간을 넘게 기어갔습니다.

　뇌조들은 살쾡이가 가까이 있는 것을 전혀 눈치채지 못하고 한가로이 먹이를 쪼아 먹고 있었습니다. 덕분에 뇌조들이 손에 잡힐 듯이 가까워졌습니다. 살쾡이는 흥분하여 몸을 파르르 떨었습니다.

　뇌조 중에 빛깔이 노란 뇌조가 눈에 확 들어왔습니다. 노란색 뇌조는 먹이를 쪼아 먹느라 정신없고 붉은 새는 나뭇가지 이리저리로 날아오르며 지저귀고 있었습니다.

살쾡이는 더욱 몸을 낮추었고 노란색 뇌조는 여전히 그 자리에 있었습니다. 눈앞에서 새의 살 냄새가 풍겨왔습니다. 그 냄새에 취한 듯 어미 살쾡이는 온몸이 짜릿해지고 눈동자에서 빛이 났습니다. 뇌조 중에 한 마리가 둔덕 위로 날아올랐지만, 목표로 찜을 한 노란색 뇌조는 그 자리에 있었습니다.

　살쾡이는 거리를 가늠하고 뒷다리로 힘차게 땅을 박차고 뛰어올랐습니다. 눈 깜짝할 사이였습니다. 번개 같은 살쾡이의 속도에 노란색 뇌조는 자신이 죽는 것도 미처 몰랐습니다. 사냥에 성공한 살쾡이는 으쓱거리며 숲을 지나 날래게 집으로 향했습니다.

보금자리로 돌아온 어미 살쾡이는 '크르르크르르' 새끼들을 불러 잡아 온 뇌조로 함께 배를 채웠습니다.

　토번이 처음 이곳으로 왔을 때만 해도 코니의 도끼질 소리가 들리지 않을 정도로 멀리 가지는 못했습니다. 그러다가 바위틈에 자란 이끼나 나무의 나이테 등 주위 자연의 특성을 길잡이로 삼으며 차츰 깊은 숲으로도 들어갈 수 있었습니다.

　토번은 사실 사냥보다도 야생 동물에 대한 지식에 관심이 많았습니다. 하지만 박물학자와 사냥꾼은 종이 한 장 차이였고, 총은 늘 그들의 동반자였습니다.

토번이 사는 오두막 주위에는 우드척*이 많이 살고 있었습니다. 우드척은 날씨가 화창하면 그루터기에 누워 한가하게 햇볕을 쬐었지만 잠시도 주위의 경계를 게을리하지 않았습니다. 조금이라도 낌새가 이상하면 잽싸게 달아났기 때문에 총에 맞거나 덫에 걸리는 일은 거의 없었습니다.

*우드척 : 두더지를 닮은 설치류

어느 날 아침, 코니가 말했습니다.
"어디 오늘은 싱싱한 고기를 좀 먹어 볼까?"
그러더니 총구멍이 작고 총신이 제법 긴 구식 소총을 꺼냈습니다. 코니는 창문틀에 총구가 흔들리지 않게 올려놓고 조심스레 방아쇠를 당겼습니다.

그 순간 토번은 눈이 휘둥그레졌습니다.

멀리 보이던 우드척이 벌렁 나자빠진 것입니다.

"야호!"

"100미터도 넘는 거리에서 맞혔어."

코니 형의 사냥 솜씨는 정말 멋져 보였습니다.

코니가 우드척을 죽인 데는 이유가 있었습니다. 우드척은 자라는 농작물 주위에 굴을 파고 농작물을 모두 망치기 때문입니다. 아무튼, 식구들은 우드척 고기로 그날 저녁을 배불리 먹었습니다.

코니는 토번에게 많은 것을 가르쳐 주었습니다. 먹고 남은 우드척으로 가죽을 만드는 법도 가르쳐 주었습니다. 토번은 숲속에서 생활하는 데 필요한 지식이 날로 늘어 숲의 무한한 신비를 찾아 점점 멀리까지 돌아다녔습니다. 숲속에서 뜻밖의 사건을 만나는 것도 토번으로서는 정말 짜릿한 일이 아닐 수 없었습니다.

어느 날, 토번은 산등성이를 넘어 제법 멀리까지 나가 거대한 아메리카 피나무가 쓰러져 있는 빈터를 지나고 있었습니다. 그때 높이가 10미터쯤 되어 보이는 미국 솔송나무 가지에 시커멓고 거대한 동물이 앉아 있었습니다.

"곰이다!"

토번은 그야말로 뜻밖인 사건과 마주하게 된 것입니다. 토번은 얼른 주머니에서 비상용 산탄*을 꺼냈습니다. 토번은 곰을 조심스레 살펴보았습니다. 자세히 보니 그리 큰 곰도 아니었습니다.

"그래! 새끼 곰이다!"

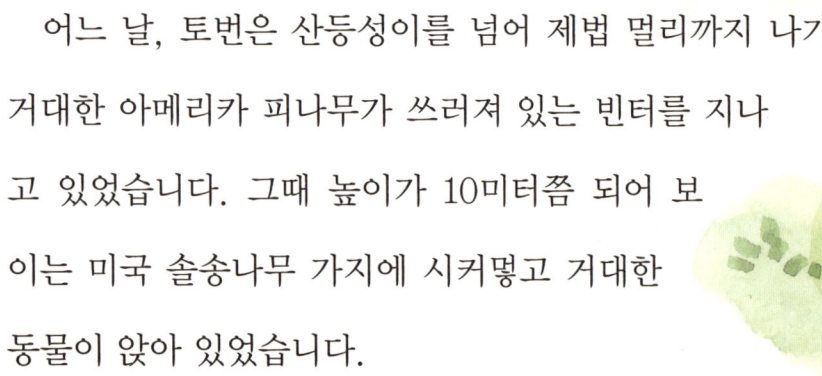

*산탄 : 안에 작은 탄알이 많이 들어 있어, 사격하면 속에 있던 탄알들이 퍼져 터지는 탄알. 가까운 거리에 있는 적이나 사냥할 짐승에게 사용한다.

'그렇다면 근처 어딘가에 어미 곰이 있을지도 모른다.'

토번은 겁나긴 했지만 곰을 향해 총을 쏘았습니다. 총에 맞은 곰이 쿵 하고 땅바닥에 쓰러졌습니다. 그런데 그것은 곰이 아니고 덩치가 큰 고슴도치였습니다. 갑자기 토번은 후회가 되었습니다.

"해롭지 않은 동물을 죽일 필요는 없는데……."

고슴도치의 얼굴에 길게 할퀸 자국이 있는 것으로 보아 고슴도치의 적은 소년뿐만이 아닌 듯했습니다.

하루는 토번이 총을 집에 두고 숲으로 나섰습니다. 오늘은 사냥을 하려는 게 아니라 식물 채집을 하기 위해서였습니다. 토번이 찾는 식물은 빈터 근처에 있었습니다. 바위틈으로 표시를 해 두었기 때문에 쉽게 장소를 찾을 수 있었습니다.

그때 날카로운 소리가 들리더니 바위 저쪽으로 무언가 움직임이 보였습니다. 나뭇가지를 제치고 살펴보니 살쾡이였습니다.

살쾡이도 토번을 노려보며 그르렁거렸습니다. 발아래 쪽으로 노란 새가 보였는데 자세히 보니 그것은 코니가 키우고 있던 소중한 암탉이었습니다.

"괘씸하고 얄미운 살쾡이 같으니……."

토번은 살쾡이가 얄밉고 화가 나서 이를 부득부득 갈았습니다.

"하필 총을 들고 오지 않은 날에 이놈과 마주치다니……."

토번이 머뭇거리며 어찌해야 할지 망설이고 있는데, 살쾡이는 한 번 더 그르렁거리고는 나무에서 뛰어내려 순식간에 사라져 버렸습니다.

그해 여름에는 비가 많이 왔습니다. 덕분에 땅이 축축해서 어린 사냥꾼은 쉽게 발자국을 추적할 수 있었습니다.

어느 날, 토번은 숲속으로 뻗어 있는 돼지 발자국을 발견했습니다. 두 시간 전에 내린 폭우로 다른 발자국이 모두 씻겨 내려가고 새로 생긴 발자국이어서 발자국을 쉽게 따라갈 수 있었습니다. 발자국을 따라 한참 내려가니 협곡이 나왔습니다. 잠시 후, 토번의 눈앞에는 어미 사슴과 점박이 새끼 사슴이 서 있었습니다.

사슴 두 마리는 토번과 눈이 마주쳤으나 겁먹은 기색이 없었습니다. 토번이 멍하니 바라보는 사이, 어미 사슴은 새끼 사슴에게 위험 신호로 꼬리를 흔들어 보이고는 가볍게 뛰어갔습니다. 새끼 사슴도 키 작은 나무줄기를 사뿐히 뛰어넘어 협곡 아래로 사라졌습니다.

그 뒤로 토번은 어미 사슴을 한 번 더 보았습니다. 어미 사슴은 땅에 코를 가까이 대고 냄새를 맡으며 온 숲을 돌아다니고 있었습니다. 뭔가를 찾고 있는 듯 몹시 불안해 보였습니다.

"가엾어라, 새끼를 잃어버린 모양이구나."

그날 토번은 숲속에서 또 한 번 살쾡이와 마주했습니다. 커다란 아메리칸 피나무가 쓰러져 있는 빈터를 지날 때였습니다. 지난번에 보았던 꼬리가 짧고 커다란 그 살쾡이의 새끼인 듯 보였습니다. 새끼 살쾡이는 아주 순진한 눈빛으로 토번을 바라보고 있었습니다. 토번은 여느 때와 같이 총을 움켜쥐었지만, 그 새끼 살쾡이는 고개만 요리조리 갸우뚱거리며 겁 없이 토번을 말끄러미 바라보고 있었습니다. 잠시 뒤, 옆에 또 한 마리의 새끼 살쾡이가 나타나더니 서로 장난을 치고 놀았습니다.

토번은 총을 쏘는 것도 잊고 새끼 살쾡이들이 장난치는 모습을 물끄러미 바라보고 있었습니다.

 정신을 가다듬고 토번이 총을 다시 움켜쥐는 순간, '크르릉' 하고 날카로운 소리가 귓가를 스쳤습니다. 불과 3미터 정도 떨어진 거리였을까? 그곳에는 마치 호랑이를 연상시키듯 크고 사나운 어미 살쾡이가 서 있었습니다.

 "여기서 새끼를 쏜다는 것은 정말 어리석은 짓이다."

토번이 총을 겨누기도 전에 어미 살쾡이는 발치에 놓여 있던 것을 덥석 물었습니다. 그것은 갈색 털에 하얀 점이 박힌 죽은 지 얼마 되지 않은 새끼 사슴으로, 바로 조금 전 협곡에서 어미와 함께 있던 그 새끼 사슴이었습니다.

찰나의 순간, 어미 살쾡이는 새끼들을 데리고 숲으로 사라졌습니다. 토번은 다시 중얼거렸습니다.

"두고 보자!"

그러나 토번은 다시 그 어미 살쾡이를 보지 못했습니다. 머지않아 생사의 갈림길에서 목숨을 걸고 싸우게 될 때까지는…….

그로부터 한 달이 훌쩍 넘은 어느 날입니다. 평소에 늘 활발하고 시원시원한 코니의 안색이 매우 안 좋아 보였습니다. 평소에는 새벽부터 가축에게 여물을 주었는데 여동생들이 아침 식사를 준비하는 동안에도 코니는 침대에 누워 있었습니다.

한여름이었지만 코니의 몸은 차가웠고, 때로는 고열에 시달렸습니다.

 식구들은 코니가 미개척 산림에서 유행하는 열병을 앓고 있다는 것을 깨달았습니다. 여러 가지 약초도 써 보고 정성껏 간호했지만 코니의 증세는 더욱 깊어만 갔습니다. 열흘 만에 코니는 눈에 띄게 야위었고 일상생활이 힘들 정도가 되었습니다.

그러던 어느 날,
코니는 동생들을 불러 모으고는
말했습니다.
"집으로 가서 잠시 쉬어야겠어. 어머니한테 가서 일주일 정도 간호를 받으면 나을 것 같아. 만일 내가 오기 전에 식량이 떨어지면 건너편 엘러턴네 집으로 가서 도움을 청해."
열병으로 허약해진 코니는 마차를 몰고 읍내에 있는 어머니 집으로 내려갔습니다.

사나흘이 지나자 마거트와 루는 코니보다 더 지독한 열병으로 쓰러졌습니다. 코니는 이틀에 한 번은 일어나 앉아 있을 정도는 되었지만 두 사람은 도무지 일어날 수조차 없었습니다. 그렇게 일주일쯤 지났습니다.

마거트는 일어나지도 못했고, 루는 힘겹게 집 주변을 조심스레 산책하고 있었습니다. 본래 쾌활했던 루는 가족의 힘을 돋우려고 농담을 하곤 했지만, 그때마다 오히려 자신은 고통스러워했습니다.

토번도 몸이 아프고 기운 없기는 마찬가지였지만, 그나마 팔팔한 편이었습니다. 간단한 식사는 토번이 챙겨서 두 사람에게 주었습니다. 식량도 거의 바닥이 나고 있었습니다. 코니가 다음 주에도 돌아오지 않으면 어쩌나 큰 걱정이었습니다.

다시 며칠이 지나고 아침이었습니다. 그나마 조금 남은 베이컨을 가지러 갔다가 베이컨이 통째로 없어진 것을 알았습니다. 파리가 꾀지 않도록 하려고 상자에 담아 그늘진 곳에 놓아두었는데, 그 베이컨이 감쪽같이 사라진 것입니다.

이제 남은 것은 밀가루 조금과 보리차 정도였습니다. 그때 마당을 돌아다니는 닭들이 눈에 들어왔습니다. 하지만 몸에 기운이 하나도 없어 도무지 닭을 잡을 수 있을 것 같지 않았습니다. 그때 문득 총이 생각났습니다. 얼마 뒤 토번은 닭을 삶을 준비를 했습니다.

닭 요리로 가장 쉬운 것은 통째로 삶는 것입니다. 덕분에 세 사람은 오랜만에 정말 맛있는 닭 국물을 먹을 수 있었습니다. 세 사람은 닭 한 마리로 사흘을 버텼습니다.

토번이 가지고 있는 엽총엔 이제 탄알이 세 발밖에 남지 않았습니다. 그나마 암탉도 서너 마리밖에 남지 않았습니다. 사흘 후, 토번은 마지막 탄알로 마지막 남은 한 마리 암탉을 잡았습니다.

하루하루가 너무도 단조로웠습니다. 열이 조금 내리면 먹을 것을 마련해야 하고, 한밤중에는 지독한 오한으로 머리끝에서 발끝까지 부들부들 떨렸습니다.

몸속도 추웠고 바깥 날씨도 정말 추웠습니다. 아무것도 추위를 덜어 주지 못했습니다. 병 때문에 생긴 오한은 불로도 다스릴 수 없었습니다. 죽을 듯한 고통 속에서 몇 시간이 지났을까? 엎친 데 덮친 격으로 구역질까지 났습니다. 온몸이 불덩이같이 달아올랐습니다.

새벽까지 물을 마시다 보면 어느 정도 열이 가라앉아 지쳐 잠이 들곤 했습니다.

"식량이 떨어지면 엘러턴네 집으로 가라고 했지만, 이 상황에서 누가 카누를 탈 수 있겠어……."

죽음과도 같은 날들이 무려 3주간이나 계속되었습니다.

오한과 고열이 점점 심해졌고 세 사람은 날로 쇠약해져만 갔습니다. 이대로라면 며칠 후엔 토번도 자리에서 일어나지 못할지도 모릅니다. 토번은 절망스럽게 외쳤습니다.

"오! 하나님, 코니 형은 영영 돌아오지 않나요?"

토번은 열이 날 때마다 머리맡에 놓아둔 양동이의 물을 마셨습니다. 양동이 물이 바닥나고 새벽녘에야 잠이 스르르 들 무렵, 토번은 퍼뜩 잠에서 깨어났습니다. 어디선가 찰랑찰랑 물소리가 들려오고 있었습니다.

고개를 돌려 보니 불과 30센티미터 아니, 바로 눈앞에 두 개의 눈동자가 푸른 빛을 내며 번뜩이고 있었습니다. 커다란 짐승이 머리맡에 있는 양동이의 물을 할짝거리고 있었습니다.

온몸에 소름이 돋았습니다. 토번은 꿈이려니 하고 눈을 꼭 감았습니다.

'내가 악몽을 꾸고 있는 것이 틀림없어.'

하지만 물소리는 그치지 않았습니다. 눈을 떠 보니, 그 짐승이 그대로 그 자리에 있었습니다.

토번은 소리를 지르려고 입을 벌렸지만, 목구멍 속에서 소리가 나오지 않고 꺽꺽 소리밖에 나오지 않았습니다. 거대한 짐승은 눈동자를 껌뻑거리며 양동이에 걸치고 있던 앞발을 옮겨 탁자 밑으로 들어갔습니다.

토번은 잠이 싹 달아났습니다. 잠시 후, 탁자 밑에서 다시 한 번 푸른 눈동자가 나타나더니 잿빛 형체가 집 안을 가로질러 땅굴 위에 쌓여 있는 나무 아래로 빠져나갔습니다.

'도대체 무엇이었을까?'

토번은 공포와 무력감으로 온몸의 힘이 쭉 빠져나가는 듯했습니다.

날이 밝았습니다. 토번은 간밤의 일이 꿈인지 생시인지 도무지 분간되지 않았습니다.

토번은 검은 짐승이 빠져나간 것으로 보이는 땅굴을 장작더미로 막았습니다. 이제 식량도 완전히 바닥났습니다. 마거트와 루는 코니 오빠가 식량을 구해 돌아오길 간절히 기다리고 있었습니다.

다시 밤이 되었습니다. 토번은 여전히 고열 때문에 깜박 졸다가 다시 집 안에서 들려오는 소리 때문에 퍼뜩 잠에서 깼습니다. 뼈를 와작와작 씹는 소리가 들렸습니다.

토번은 소리를 바락 지르며 일어났습니다. 지난번 보았던 그 짐승이 작은 창문을 등지고 웅크리고 있었습니다. 그 짐승은 바닥으로 사뿐히 내려 앉더니 땅굴로 빠져나갔습니다. 분명 꿈이 아니었습니다. 짐승의 울음소리를 들었을 뿐만 아니라 먹다 남은 닭 뼈까지 깨끗이 없어졌기 때문입니다.

토번은 힘겹게 자리에서 일어났습니다. 배가 고프다고 보채는 마거트와 루 때문에 토번은 샘물가 나무에 달린 열매를 몇 개 따 와서 마거트, 루와 같이 먹었습니다. 그리고 오한과 갈증에 대비해서 머리맡에 물을 길어 놓는 것을 잊지 않았습니다. 침대 옆에는 새로 만든 작살과 성냥을 놓아두었습니다. 총에 넣을 탄약이 떨어져 작살만이 유일한 무기였기 때문입니다.

"배가 고파지면 그놈은 다시 올 거야. 하지만 이곳에서 먹이는 찾지 못할 거야."

토번은 다시 장작으로 토굴을 막았습니다. 긴장감으로 가득했던 밤이 지났습니다.

다행히 그날 밤엔 그 사나운 짐승이 나타나지 않았습니다.

　이튿날은 밀가루 조금과 물로 끼니를 때웠습니다. 루는 몸이 가벼워졌다고 농담을 했지만 침대 가장자리를 벗어나지 못했습니다. 그날 밤도 물을 준비하고 잠자리에 들었습니다.

　이른 새벽이었습니다.

　토번은 침대맡에서 물을 할짝대는 소리에 벌떡 일어났습니다.

　창문으로 스며드는 차가운 달빛으로 번뜩이는 눈동자와 커다란 머리를 가진 짐승 형체가 보였습니다. 토번은 죽을힘을 다하여 고함을 지르려 했지만, 역시 지난번처럼 꺽꺽 소리밖에 나오지 않았습니다.

 살쾡이는 재빨리 창가에 있는 탁자로 뛰어오르더니 그르렁거렸습니다. 창문으로 도망치는 줄 알았는데 돌아서서 토번을 노려보았습니다. 어둠 속의 살쾡이의 두 눈은 더욱 빛났습니다. 토번은 침대 언저리로 몸을 피하며 살려 달라고 간절히 기도했습니다.

"살쾡이를 죽이지 못하면 내가 죽을 거야."

　토번은 관솔 나무에 성냥불을 붙여 왼손에 들고 오른손으로 작살을 잡았습니다. 살쾡이는 금방이라도 뛰어 덮칠 듯이 몸을 움츠리고 그르렁거렸습니다. 살쾡이의 눈동자가 관솔불에 비쳐 더욱 무섭게 빛났습니다. 살쾡이는 짧은 꼬리를 까딱거리며 더욱 목소리를 높여 그르렁거렸습니다.

　토번은 턱이 덜덜 떨리고 무릎이 후들거렸지만, 살쾡이한테 작살을 힘껏 겨누고 달려들었습니다. 순간, 살쾡이도 함께 펄쩍 뛰어올랐습니다. 그런데 살쾡이는 토번에게 달려들지 않았습니다. 토번의 대담한 행동에 겁을 먹었는지 토번을 지나쳐 침대 밑으로 기어들었습니다. 하지만 작전상 잠시 물러났을 뿐입니다. 토번은 선반 접시 위에 불을 올려놓고 두 손으로 힘껏 작살을 고쳐 쥐었습니다.

"하나님! 살려 주세요. 저희는 아무 힘도 없습니다."

마거트와 루는 가냘픈 목소리로 간절히 기도했습니다.

침대 밑으로 살쾡이의 번쩍이는 눈동자만 보였습니다. 그르렁거리는 소리는 더욱 높아졌습니다.

토번은 살쾡이가 재차 공격해 올 것을 알고 있었습니다. 오한이 몰려왔지만 토번은 있는 힘을 다해 작살을 뻗었습니다.

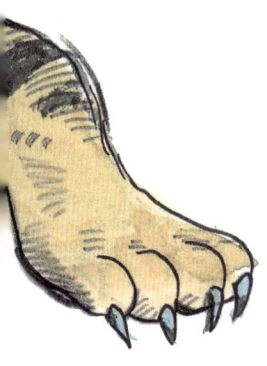

　작살 끝으로 뭔가 부드러운 것이 닿는가 느끼는 순간, 날카로운 비명이 터져 나왔습니다. 토번은 작살 끝에 온몸의 무게를 실어 힘껏 눌렀습니다. 살쾡이는 토번을 물려고 발버둥쳤습니다. 이빨과 발톱으로 작살 끝을 갉았습니다. 살쾡이는 최후의 힘을 다하여 억센 다리와 발톱을 세우고 다가왔습니다.

 토번은 오래 버틸 수 없었습니다. 있는 힘을 모두 쥐어짜서 작살을 눌렀습니다. 살쾡이는 몸부림을 치면서 외마디 비명을 질렀습니다.

 "카르르!"

 순간, 작살의 손잡이가 뚝 하고 부러지면서 살쾡이가 토번을 향해 뛰어올랐습니다. 그러고는 땅굴 속으로 자취를 감추었습니다. 모든 긴장이 한순간에 무너졌습니다. 토번은 쓰러지며 그대로 의식을 잃었습니다.

의식이 얼마 동안 없었을까요?

어디서 쩌렁쩌렁한 목소리에 깨어 보니 이미 환한 대낮이었습니다.

"애들아! 애들아! 토번, 루, 마거트!"

토번은 대답할 기운조차 없었습니다. 쿵쿵거리는 발걸음 소리와 함께 문이 활짝 열리며 예전같이 건강하고 잘생긴 코니가 들어왔습니다.

오두막은 쥐 죽은 듯 고요했습니다. 순간 코니의 얼굴에 두려움이 스쳐 지나갔습니다. 코니는 숨을 몰아쉬며 동생들을 불렀습니다.

"다들 어디 있는 거야? 토번, 루, 마거트!"

"코니…… 형……."

침대 구석에서 희미하게 소리가 들려왔습니다.

"루와 마거트는 저기 있어. 모두 너무 아프고 먹을 것도 없어."

토번은 힘겹게 말했습니다.

"아, 나는 너희가 엘러턴네 집에서 식량을 구해 올 줄 알았는데……."

"그럴 힘이 없었어. 형이 떠나고 바로 우리 셋도 한꺼번에 열병에 걸리고 말았거든. 게다가 살쾡이가 암탉과 집 안에 남은 음식을 싹 쓸어가 버렸어."

"흠! 그래도 복수는 했나 보네."

코니는 바닥을 지나 통나무 장작 아래로 이어져 있는 핏자국을 보며 말했습니다.

코니가 가지고 온 좋은 음식과 정성 어린 간호로 세 사람은 얼마 지나지 않아 모두 건강을 되찾았습니다. 다시 한 달이 흘렀습니다. 루와 마거트가 여과기로 쓸 통나무가 필요하다고 했습니다.

토번이 말했습니다.

"아! 큰 통으로 쓸 만한 아메리카 피나무가 있는 곳을 알고 있어."

토번은 코니와 함께 그 빈터로 갔습니다.

속이 빈 아메리카 피나무를 잘라 냈을 때, 그 안에서 어미 살쾡이와 새끼 두 마리의 말라비틀어진 몸뚱이가 나왔습니다. 어미 살쾡이의 옆구리에는 손잡이가 부러진 작살이 박혀 있었습니다.

"내가 만난 바로 그 살쾡이야."

토번은 그 자리에서 한동안 발걸음을 떼지 못했습니다.